MANUEL

DE

SAINT AUGUSTIN

OU

MÉMORIAL

DE LA

CONTEMPLATION DU CHRIST

C'est-à-dire du Verbe de Dieu
destiné à renouveler en nous
le souvenir assouvi du désir du Ciel.

PARIS

5, RUE BAYARD, 5

MANUEL

DE

SAINT AUGUSTIN

MANUEL

DE

SAINT AUGUSTIN

OU

MÉMORIAL

DE LA CONTEMPLATION DU CHRIST

C'est-à-dire du Verbe de Dieu
destiné à renouveler en nous
le souvenir assouvi du désir du Ciel.

PARIS

MAISON DE LA BONNE PRESSE

5, RUE BAYARD, 5

PRÉFACE

I. Placés que nous sommes au milieu des pièges de ce monde, nous lais-
sons trop facilement se refroidir en
nous le désir du ciel. C'est pourquoi
nous avons besoin d'une assistance
continuelle pour nous tenir éveillés et
remonter le courant qui nous entraîne
loin de Dieu notre vrai et souverain
bien.

Aussi n'est-ce pas une présomp-
tueuse témérité, mais le grand amour
que j'éprouve pour mon Dieu, qui m'a
dicté cet opuscule à sa louange, afin
d'avoir toujours avec moi un traité
court et d'un usage facile des passages

choisis des saints Pères sur mon Dieu, et de réchauffer au feu de cette lecture mon amour pour lui toutes les fois que je le sentirai tiédir. Maintenant, assistez-moi, mon Dieu, vous que je cherche, que j'aime, et que, de cœur autant que de bouche, et de toute la force dont je suis capable, je veux louer et adorer.

II. Vouée à votre amour, brûlante de ses feux, mon âme, aspirant à vous, haletante après vous, désirant ne voir que vous seul, n'a d'autre douceur que de parler de vous, d'écrire sur vous, de s'entretenir de vous, de dérouler sans cesse au fond de mon cœur les mystères de votre gloire, afin de trouver dans la suavité de votre souvenir quelque peu de repos au milieu de ces tempêtes.

C'est donc vous que j'invoque, ô le Désiré ; c'est vers vous que je crie de toutes mes forces et de tout mon cœur. Et quand je vous invoque, c'est bien en moi-même que je vous invoque : je ne serais même pas si vous n'étiez en moi, et vous ne pourriez être en moi si je n'étais d'abord en vous. Vous êtes en moi, puisque vous restez dans ma mémoire ; c'est par elle que je vous connais, c'est en elle que je vous trouve, quand je me souviens de vous et que je me délecte en vous et de vous de qui, par qui et en qui sont toutes choses.

MANUEL

DE

SAINT AUGUSTIN

CHAPITRE PREMIER

DE L'ADMIRABLE ESSENCE DE DIEU.

C'est vous, Seigneur, qui remplissez le ciel et la terre, portant tout sans que rien ne vous pèse, remplissant tout sans que rien ne vous renferme. Toujours en action, toujours en repos ; amassant quand vous n'avez besoin de rien, cherchant quand rien ne vous manque, brûlant d'un amour qui ne vous consume pas et d'un zèle qui ne trouble en rien votre tranquillité. Vous avez un repentir qui ne connaît pas les larmes, et une colère qui vous laisse calme. Vous changez vos œuvres sans changer de dessein.

Vous reprenez ce que vous trouvez et que vous n'aviez jamais perdu. Vous n'avez jamais manqué de rien et vous vous plaisez à acquérir ; sans avoir jamais connu l'avarice, vous exigez des intérêts de ce que vous donnez. Vous donnez au delà de ses besoins à celui auquel vous ne devez rien, et si vous daignez recevoir ce qui ne vous est jamais nécessaire, c'est afin que vous nous deviez.

Mais qui donc pourrait avoir quelque chose qui ne fût pas à vous ? Vous remettez les dettes, ne devant vous-même à personne, et cette remise gratuite ne vous fait rien perdre. C'est vous qui êtes partout et qui partout êtes tout entier ; qu'on peut sentir, mais qu'on ne peut voir ; qui nulle part n'êtes absent et cependant qui êtes loin des pensées des méchants ; qui n'êtes même pas absent des lieux dont vous êtes loin : car où vous n'êtes pas par grâce, vous êtes par justice. Vous êtes présent partout, et c'est à peine si nous pouvons vous trouver ; vous demeurez immobile, et nous vous suivons sans parvenir à vous atteindre. C'est vous qui tenez tout, qui remplissez tout, qui embrassez tout, qui surpassez tout, qui soutenez tout.

C'est vous qui instruisez les cœurs des fidèles sans aucun bruit de paroles ; qui n'êtes ni étendu en divers lieux, ni changé par le temps, ni sujet au flux et au reflux. C'est vous qui habitez la lumière inaccessible que nul homme n'a vue ni ne peut voir. Sans sortir de vous-même et de votre repos, il n'est rien que vous n'embrassiez de votre ubiquité. Car vous ne pouvez être scindé ou divisé, parce que vous êtes vraiment un, que vous n'êtes pas composé de parties, mais que tout entier vous tenez tout, vous remplissez tout, vous éclairez tout, vous possédez tout !

CHAPITRE II

DE L'INDICIBLE SCIENCE DE DIEU.

Même en remplissant le monde entier de livres, on ne saurait narrer votre science inénarrable. Dès lors, en effet, que vous êtes ineffable, vous ne pouvez en aucune manière être enfermé dans nos écrits ou nos pensées. Vous êtes la source de la lumière divine et le soleil de la clarté éternelle. Vous êtes grand, en dehors de toute quantité, et par conséquent sans mesure. Vous êtes bon, en dehors de toute qualité, par conséquent vraiment et souverainement bon, et personne n'est bon que vous seul, dont la volonté se confond avec l'œuvre, dont le vouloir est le pouvoir ; qui de votre

seule volonté avez fait tout ce que vous
avez créé de rien ; qui, sans avoir aucun
besoin d'elles, possédez chacune de vos
créatures; qui les conduisez sans fatigue
et les gouvernez sans ennui, et rien ne
peut troubler l'ordre de votre empire,
soit au plus haut des cieux, soit au fond
des abîmes.

C'est vous qui occupez tous les lieux,
bien qu'il n'y ait point de lieu pour vous ;
qui contenez tout, sans qu'il y ait en vous
d'étendue, et qui êtes présent partout,
sans qu'il y ait en vous repos ni mouve-
ment. Vous n'êtes point l'auteur du mal,
que vous ne pouvez faire ; et cependant
il n'est rien qui ne soit en votre pouvoir,
et jamais vous n'avez eu à vous repentir
de ce que vous avez fait. Vous êtes
Celui dont la bonté nous a faits, dont
la justice nous châtie, dont la clémence

nous délivre, dont la toute-puissance gouverne, régit et remplit tout ce qu'elle a créé. Et quand nous disons que vous remplissez toutes choses, nous ne l'entendons point en ce sens qu'elles vous contiennent, mais plutôt qu'elles sont contenues en vous. Et vous ne les remplissez pas par parties ; encore moins doit-on croire que chaque chose vous possède suivant sa capacité et sa dimension, de telle sorte que les plus grandes, vous posséderaient le plus et les plus petites vous posséderaient le moins, tandis que vous êtes plutôt tout entier dans toutes et que toutes sont en vous. Votre toute-puissance contient tout, et nul ne pourra trouver l'issue qui permettrait de lui échapper ; car celui qui n'aura pas obtenu votre pardon n'échappera pas à votre colère.

CHAPITRE III

DU DÉSIR DE L'AME QUI SENT DIEU.

C'est donc vous, Dieu très clément, que j'invoque dans mon âme, et vous la préparez à vous recevoir par le désir que vous lui inspirez. Entrez, je vous prie, en elle, et préparez-vous la, afin que vous possédiez celle que vous avez faite et refaite, afin que je vous aie comme un sceau sur mon cœur.

Je vous supplie, ô le plus tendre des pères, de ne pas abandonner celui qui vous invoque, parce que, avant même que je vous aie invoqué, vous m'avez appelé et vous m'avez cherché, afin que moi, votre esclave, je vous cherche ; que

vous cherchant, je vous trouve ; que,
vous trouvant, je vous aime. Je vous ai
cherché et je vous ai trouvé, Seigneur, et
je désire vous aimer. Augmentez mon
désir et donnez-moi ce que je demande,
car, alors même que vous me donneriez
tout ce que vous avez créé, cela ne suffit
pas à votre esclave, si vous ne vous donnez vous-même. Donnez-vous donc vous-
même à moi, mon Dieu, rendez-vous à
moi. Voici que je vous aime, et si mon
amour est faible, daignez le fortifier.
Oui ! je suis possédé de votre amour, je
brûle du désir de vous voir, et votre doux
souvenir fait mes délices. Et tandis que
mon âme soupire et que votre ineffable
tendresse fait le sujet de mes méditations, voici que le bagage même de ma
chair me pèse moins, le tumulte de mes
pensées s'apaise, le poids de la mortalité

et des misères ne m'accable plus comme à l'ordinaire ; tout en moi se tait et devient tranquille. Mon cœur brûle, mon esprit revient à la joie, ma mémoire renaît, mon entendement s'éclaire, et mon âme tout entière, embrasée du désir de votre vision, se voit ravie par l'amour des choses invisibles. Que mon esprit prenne des ailes comme les aigles, qu'il vole sans défaillance, qu'il vole jusqu'à ce qu'il parvienne à la beauté de votre demeure et au trône de votre gloire, et, qu'arrivé là, dans ces pâturages toujours verts, près de ces fleuves débordants, jusqu'à la table où sont rassasiés les convives de la cité céleste, il se nourrisse de vos mystères. Soyez donc le tressaillement de notre joie, ô vous qui êtes notre espérance, notre salut et notre rédemption. Soyez notre joie, puisque

vous devez faire plus tard notre récompense. Que toujours mon âme vous
cherche, et vous, donnez-lui de ne pas
défaillir dans sa recherche.

CHAPITRE IV

DE LA MISÈRE DE L'AME QUI N'AIME NI NE CHERCHE NOTRE-SEIGNEUR JÉSUS-CHRIST.

———

Malheur à l'âme infortunée qui n'aime ni ne cherche le Christ ; elle reste aride et misérable. Il perd le principe de vie (1), celui, ô mon Dieu, qui ne vous aime pas. Celui qui, dans la peine qu'il se donne pour vivre, ne vous a pas pour objet vit pour le néant, néant lui-même (2). Qui se refuse à vivre pour vous est déjà mort. Celui qui ne vous goûte pas s'affadit (3).

Dieu de miséricorde, je me recom-

(1) *Perdit quod vivit, qui te Deum non diligit.*
(2) *Qui curat vivere non propter te Domine, nihil est et pro nihilo.*
(3) *Qui tibi non sapit desipit.*

mande, je me rends, je me donne à vous par qui je suis, par qui je vis, par qui je pense. Je place ma confiance, mon attente et le fondement de tout mon espoir en vous par qui je ressusciterai, par qui je vivrai, par qui j'arriverai à l'éternel repos.

Je vous désire, je vous aime et je vous adore, ô Dieu qui serez un jour ma demeure, mon royaume et ma béatitude.

L'âme qui ne vous cherche ni ne vous chérit, chérit le monde, se fait esclave des péchés et sujette des vices ; jamais elle ne repose, jamais elle n'arrive à la tranquillité.

Que mon esprit vous serve toujours, Dieu de bonté (1) ; que mes soupirs vers vous remplissent mon pèlerinage, et que

(1) *Famuletur tibi semper mens mea, piissime.*

mon cœur brûle de votre amour. Que mon âme se repose en vous, mon Dieu ; qu'elle vous contemple jusqu'au ravissement, qu'elle chante vos louanges dans la joie, et que cette joie soit ma consolation dans mon exil. Que mon âme cherche à l'ombre de vos ailes un refuge contre les ardeurs des pensées de ce monde. Que mon cœur se repose en vous, ce cœur, vaste océan gonflé de flots tumultueux (1). O riche, votre table abonde en mets dont le goût exquis peut seul rassasier les appétits célestes, ô Dieu, votre opulence se plaît dans les largesses (2) : donnez du pain à celui qui n'en peut plus, recueillez l'égaré, délivrez le captif, redressez l'estropié (3).

(1) *Cor mare magnum tumens fluctibus.*
(2) *O dives omnium bonarum dapum, supernæ satietatis opulentissime largitor Deus…..*
(3) *Redintegra scissum.*

Voici qu'il vient à la porte et qu'il frappe. Je vous en conjure par les entrailles de cette miséricorde qui vous a fait nous visiter comme le soleil se levant sur la mer, ordonnez qu'on ouvre au malheureux qui frappe, afin qu'il puisse arriver librement jusqu'à vous, se reposer en vous, se nourrir et se réconforter de vous, Pain céleste, car vous êtes le pain et la source de vie, vous êtes la lumière de l'éternelle clarté, vous êtes tout ce dont vivent les âmes droites qui vous chérissent (1).

(1) *Tu omnia ex quibus vivent recti qui te diligunt.*

CHAPITRE V

DU DÉSIR DE L'AME.

O Dieu, lumière des cœurs qui vous voient, vie des âmes qui vous aiment, et vertu des pensées qui vous cherchent, donnez-moi de me fixer en votre saint amour. Venez, je vous prie, dans mon cœur et enivrez-le de l'abondance de votre volupté, afin que j'oublie les choses de ce temps. J'ai honte et je suis excédé de souffrir de toutes les banalités de ce monde. Ce que je vois me porte à la tristesse, et tout ce que j'entends dire me tesse, et tout ce que j'entends dire des choses qui passent me pèse (1). Venez à

(1) *Pudet ac piget me talia pati qualia mundus iste agit. Triste est mihi quod video, grave est omne quod de transitoriis audio.*

mon aide, Seigneur mon Dieu, mettez la joie dans mon cœur, venez à moi pour que je vous voie. L'habitation de mon âme m'est étroite, jusqu'à ce que vous veniez à elle et la grandissiez. Elle tombe en ruines, réparez-la. Elle couvre des impuretés qui offensent vos regards, je le sais et je le confesse, mais pour la purifier, quel autre que vous invoquerai-je ?

Purifiez-moi, Seigneur, de mes fautes cachées, et pardonnez à votre serviteur celles qui me viennent des autres (1). Refaites-moi, doux Christ ; bon Jésus, faites, je vous en conjure, que par amour et désir de vous je dépose le fardeau de mes désirs charnels et des terrestres concupiscences. Que mon âme

____

(1) *Ab occultis meis munda me Domine, et ab alienis parce servo tuo.*

commande à ma chair, ma raison à mon âme, votre grâce à ma raison ; et que tout mon être, à l'intérieur comme à l'extérieur, soit soumis à votre volonté. Faites que mon cœur vous loue, que ma langue vous loue, que tous mes os vous louent. Dilatez mon âme et élevez le regard de mon cœur (1), afin que même en une rapide pensée mon esprit vous atteigne, Sagesse éternelle qui demeurez au-dessus de tout. Brisez les chaînes qui me tiennent garrotté (2), de telle sorte que, laissant là toutes ces misères, je me hâte vers vous, je m'attache à vous seul, je ne voie que vous seul.

(1) *Attolle intuitum cordis mei.*
(2) *Dissolve me, oro, a vinculis, quibus contrictus.*
teneor.

CHAPITRE VI

DE LA FÉLICITÉ DE L'AME
DÉLIVRÉE DE SA PRISON TERRESTRE.

Heureuse l'âme qui, délivrée de sa prison terrestre, court librement au ciel, qui vous voit, très doux Seigneur, face à face, qui désormais à l'abri de toute crainte de mort, jouit de l'incorruptible vision d'une gloire perpétuelle. Tranquille et en sûreté, elle ne craint plus ni ennemi ni mort. Elle vous a, tendre Maître, qu'elle a longtemps cherché et toujours aimé. Associée aux chœurs qui font résonner les hymnes (1), elle chante éternellement à la louange

(1) *Hymnidicis sociata Choris.*

de votre gloire, ô Christ, bon Jésus, les chants doux comme le miel de la fête qui n'a pas de fin. Car vous l'enivrez de l'abondance de votre demeure et vous l'abreuvez du torrent de votre volupté. Bienheureuse société des citoyens d'en haut, glorieuse solennité de tous ceux qui reviennent de cette triste et fatigante pérégrination, vers vous, vers les délices de la beauté, vers l'éblouissement de la splendeur intégrale, vers la majesté qui résume toutes les harmonies (1), dans lesquelles les citoyens de votre royaume, Seigneur, vous voient éternellement. Là, rien de ce qui pourrait troubler l'âme ne peut arriver à l'oreille. Quels cantiques ! Quels instruments ! Quelles cantilènes !

(1) *Gloriosa solemnitas omnium ad te rede un tium ab hujus nostræ peregrinationis tristi labore, ad amœnitatem pulchritudinis, ad formositatem totius splendoris, atque dignitatem totius elegantiæ.*

Quelles mélodies se font entendre là sans fin ! On y entend résonner sans cesse le chant plein de douceur des hymnes, les plus suaves mélodies des anges et les admirables cantiques des cantiques que chantent à votre louange et à votre gloire les habitants de la cité céleste.

Il n'y a place, dans ces régions divines, ni pour l'amertume ni pour le poison de l'aigreur (1), parce qu'on n'y trouve ni méchant ni mal, ni assaillant ni ennemi, ni aucun des attraits du péché (2). Là encore, plus d'indigence, plus de honte, plus de querelles, plus d'inconvenances, plus de prétextes, plus de craintes, plus d'inquiétudes, plus de châtiments, plus

(1) *Amaritudo et omnis fellis asperitas in regione tuâ locum non habent.*
(2) *Nec est ulla peccati illecebra.*

d'incertitudes, plus de violences, plus de discordes ; mais au contraire la paix suprême, la pleine charité, l'éternelle jubilation et louange de Dieu, le repos sans fin et la joie de tous les instants dans l'Esprit-Saint. Oh ! que fortuné je serai si j'arrive à entendre, un jour, les délicieuses cantilènes des citoyens du ciel, les chants plus doux que le miel, les louanges qui célèbrent l'honneur dû à la souveraine Trinité. Mais surtout trop heureux, s'il m'est donné de chanter moi-même au Seigneur Jésus-Christ un de ces deux cantiques de Sion.

CHAPITRE VII

DE LA JOIE DU PARADIS.

O vie, principe de vie, vie éternelle et éternellement heureuse ! Où la joie se trouve sans le chagrin, le repos sans le travail, la dignité sans la crainte, les richesses sans la perte, la santé sans la maladie, l'abondance sans le besoin, la vie sans la mort, la perpétuité sans la corruption, la béatitude sans la calamité ; où tous les biens trouvent leur perfection dans la charité ; où le regard arrive à la vision face à face ; où la science atteint sa plénitude en tous et sur toutes choses ; où la bonté souveraine de Dieu se rend visible aux yeux des saints, et, lumière illuminante, est glorifiée par eux ; où la majesté de Dieu, présente, se laisse voir et où elle est pour l'âme qui la contemple un aliment de vie indéfectible (1) ! Toujours ils voient et toujours ils désirent voir, et, comme leur désir est sans anxiété, leur satiété est sans dégoût (2) ; où le vrai soleil de justice, par la vision merveilleuse de sa beauté, ranime et illumine tous les citoyens de la Patrie céleste, de telle sorte qu'ils brillent eux-mêmes, lumière cette fois illuminée par Dieu, lumière à son tour illuminante, et dont l'éclat l'emporte sur toute la splendeur de notre soleil, et sur la clarté de toutes nos étoiles (3). Par leur union à l'im-

(1) *Et hoc vitæ cibo sine defectu mens intuentium satiatur.*

(2) *Sine anxietate desiderant et sine fastidio satiantur.*

(3) *Lumen videlicet illuminatum per Deum, lumen*

mortelle déité, ils sont faits immortels et incorporels, conformément à la promesse de Dieu Sauveur : *Père, ceux que vous m'avez donnés, je veux que, là où je suis, ceux-là aussi soient avec moi, pour qu'ils voient ma clarté, afin que tous soient un, comme vous, Père, êtes en moi et moi en vous, et qu'eux-mêmes soient un en nous.*

illuminans ultra omnem solis nostri splendorem atque cunctarum stellarum claritatem.

CHAPITRE VIII

DU ROYAUME DES CIEUX.

O royaume des cieux, bienheureux royaume, qui n'admets ni mort ni fin (1), où il n'y a aucune succession de temps (2) ; où un jour continuel, sans nuit, exclut l'idée même du temps (3) ; où le soldat vainqueur est, après son labeur, comblé de dons ineffables ; où sa noble tête est couronnée d'une couronne éternelle. Plût à Dieu que sa divine miséricorde, après m'avoir débarrassé, moi, le dernier des serviteurs du Christ, du poids de mes péchés, m'ordonnât de déposer ce fardeau de la

(1) *Carens morte vacans fine.*
(2) *Cui nulla tempora succedunt per œvum.*
(3) *Nescit habere tempus.*

chair (1), pour m'aller reposer dans la joie de sa Cité, me mêler aux chœurs sacrés des citoyens célestes, assister avec les esprits bienheureux à la gloire du Créateur (2), voir présente la face de Dieu ; ne me ressentir d'aucune crainte de mort, jouir en paix d'une perpétuelle et incorruptible immortalité ; perdre dans l'union avec Celui qui sait toutes choses tout l'aveuglement de l'ignorance, tenir pour rien toutes les choses terrestres, dédaigner désormais toute vue ou tout souvenir de cette vallée de larmes, où ne peut se trouver qu'une vie laborieuse, une vie corruptible, une vie pleine de toutes les amertumes, une vie maîtresse des maux et esclave de l'enfer.

(1) *Hanc carnis sarcinam deponere.*
(2) *Gloriæ Creatoris assisterem.*

C'est cette vie que les humeurs corrompent (1), que les douleurs épuisent, que les ardeurs dessèchent, que l'air infecte de germes morbides, que les aliments enflent (2), que les jeûnes macèrent, que les plaisirs dissipent, que les tristesses consument, que les sollicitudes abrègent, que la sécurité hébète, que les richesses enorgueillissent, que la pauvreté abat, que la jeunesse emporte, que la vieillesse courbe, que l'infirmité brise, que le chagrin déprime, à laquelle le diable tend ses pièges, le monde offre ses adulations, la chair ses délices, l'esprit ses erreurs, que tout ce qui constitue l'homme tend à troubler (3). A ces maux si grands et si

(1) *Quam humores tumidant.*
(2) *Escæ inflant.*
(3) *Diabolus insidiatur, mundus adulatur, caro delectatur, anima excœcatur totus homo conturbatur.*

nombreux succède une mort inexorable, qui impose aux vaines joies une fin telle que, après qu'elles auront cessé d'être, il semblera qu'elles n'ont jamais été (1).

(1) *Et his tot, et tantis malis mors furibunda succedit, vanisque gaudiis ita finem imponit, ut quum esse desierint, nec fuisse putentur.*

CHAPITRE IX

COMMENT, APRÈS TANT DE GÉMISSEMENTS, L'AME HUMAINE EST CONSOLÉE PAR DIEU.

Et cependant que de louanges, que d'actions de grâces ne devons-nous pas vous rendre, Dieu de nos cœurs, qui, même au milieu de ces maux si terribles de notre mortalité, ne cessez de nous consoler par la douce visite de votre grâce ? Me voici malheureux, accablé de chagrins quand je crains de voir finir ma vie, quand je considère mes péchés, quand je tremble à la pensée de votre jugement, quand je songe à l'heure de la mort, quand je frémis à la pensée des supplices de l'enfer, alors que j'ignore de quel poids pèseront mes œuvres dans la balance de votre justice, et que je ne sais pas davantage quelle fin je leur donnerai pour terme (1). Et tandis que je repasse dans mon cœur ces choses et bien d'autres encore, vous êtes là pour me consoler par votre tendresse accoutumée, Seigneur Dieu ! Et entre ces plaintes, ces larmes amères, ces soupirs profonds du cœur, vous prenez mon âme, attristée et anxieuse, vous l'élevez par-dessus les hauteurs des montagnes et jusqu'à la terre des parfums, et vous m'établissez au milieu des pâturages, le long des ruisseaux d'eau douce, où vous préparez sous mes yeux une table splendidement servie, qui repose mon esprit fatigué et rend la joie à mon triste cœur.

(1) *Dum opera mea qua districtione et discussione a te pensentur, ignoro, dum quo fine illa clausurus sim, penitus nescio.*

Régénéré enfin par ces délices, oublieux de mes innombrables misères, planant au-dessus de toutes les hauteurs de la terre, je repose en vous, seule paix véritable (1).

(1) *Multarum miseriarum mearum oblitus, levatus super altitudinem terræ, in te vera pace quiesco.*

CHAPITRE X

DE LA DOUCEUR DE L'AMOUR DIVIN.

Je vous aime, mon Dieu, je vous aime et je veux vous aimer davantage et toujours davantage. Donnez-moi, Seigneur mon Dieu, ô le plus beau des enfants des hommes, de vous désirer, de vous aimer autant que je le veux, autant que je le dois. Vous êtes immense et devez être aimé sans mesure, surtout par nous que vous avez aimés ainsi, que vous avez sauvés ainsi, pour qui vous avez fait tant et de telles choses.

O amour qui brûlez toujours et ne vous éteignez jamais, doux Christ, bon Jésus, Dieu de charité, mon Dieu, brûlez-moi tout entier de votre feu, de votre

amour, de votre douceur, de votre charité, du tressaillement de votre joie (1),
de votre tendresse, de votre suavité, de
la volupté que l'on trouve en vous et de
l'ardeur à vous posséder, ardeur qui est
sainte et bonne, qui est chaste et pure ;
afin que tout plein de la douceur de votre
amour, tout consumé par la flamme
de votre charité, je vous aime, ô Seigneur de douceur et de bonté, de tout
mon cœur, de toute mon âme, de toutes
mes forces et de toute ma volonté ;
avec un grand brisement du cœur et
une source de larmes, avec un grand
respect et un grand tremblement : vous
ayant dans mon cœur et sur mes lèvres,
et devant les yeux toujours et partout,
de sorte qu'il ne reste en moi nulle
place pour d'adultères amours.

(1) *Jucunditate et exultatione tui.*

CHAPITRE XI

DE LA PRÉPARATION DE NOTRE RÉDEMPTION.

O Jésus, source de beauté, je vous prie par cette effusion sacrée de votre précieux sang qui nous a rachetés : donnez-moi le brisement du cœur et une source de larmes, alors surtout que je vous offre mes prières et mes supplications ; alors que je chante des psaumes à votre louange ; alors que je médite ou que je prêche le mystère de notre rédemption, preuve manifeste de votre miséricorde ; alors que je monte, quoique indigne, au saint autel, désireux de vous offrir cet admirable et céleste sacrifice digne de tout respect et de toute dévotion, que vous, Seigneur mon Dieu, prêtre immaculé, avez institué et nous avez prescrit d'offrir en commémoration de votre amour, c'est-à-dire de votre mort et de votre Passion pour notre salut, en réparation de nos fragilités de chaque jour.

Que mon âme, entre tant de mystères adorables, soit confirmée par la douceur de votre présence, qu'elle vous sente là, auprès d'elle, et qu'elle se réjouisse sous vos yeux. O feu qui toujours éclairez ! O amour, qui toujours brûlez, doux Christ, bon Jésus, lumière éternelle et sans défaillance ! Pain de vie qui nous refaites sans vous consommer (1), chaque jour vous nous nourrissez et toujours vous restez intact ; resplendissez à mes yeux, réchauffez-moi, éclairez-moi, sanctifiez-moi.

_____

(1) *Panis vitæ, qui nos reficis et in te non deficis.*

Videz de toute malice le vase qui vous appartient, emplissez-le de grâce et gardez-le bien plein, afin que, pour le salut de mon âme, je mange la nourriture de votre chair, et qu'ainsi, me nourrissant de vous, je vive de vous, je vive par vous, je parvienne jusqu'à vous et me repose en vous.

CHAPITRE XII

DE LA JOIE.

O douceur de l'amour et amour de la douceur, que ma bouche vous reçoive et que mes entrailles soient remplies du nectar de votre amour, et que mon âme profère la bonne parole (1). Charité, mon Dieu, doux miel, lait plus blanc que la neige, nourriture et source de joie, faites-moi croître en vous, afin que mon palais purifié soit digne de vous recevoir (2). Vous êtes pour moi la vie dont je vis, l'espoir auquel je m'attache, la gloire que je désire atteindre. Tenez bien mon cœur, gouvernez mon intelli-

(1) *Et mens mea eructet verbum bonum.*
(2) *Ut sanato palato possis manducari a me.*

gence, redressez mon amour, soutenez mon âme et amenez aux fleuves célestes mon esprit qui a soif de vous.

Que se taisent en moi les révoltes de la chair ; que disparaissent à mes yeux tous les phénomènes de la terre et des eaux, de l'air et de tout ce qui est compris entre les deux pôles (1). Que se taisent les songes et les rêves de l'imagination, toute langue, tout signe, et tout ce qui doit passer un jour. Que mon âme même fasse silence, qu'elle rentre en elle-même, non pour penser à elle, mais à vous, mon Dieu, puisque vous êtes, en effet, toute mon espérance et toute ma confiance. Car en vous, Dieu, Notre-Seigneur Jésus-Christ, plein de douceur, de bénignité et de clémence, se

(1) *Conticescant phantasiæ terrarum et aquarum, aeris et poli.*

trouvé une portion du sang et de la chair de chacun de nous. Or, là où je vois régner une portion de moi, je crois déjà régner moi-même ; là où mon sang commande, je suis assuré de commander. En voyant ma chair glorifiée là, je connais que je serai glorieux. Et, bien que je sois pécheur, je ne doute pas de cette communauté de faveur ; car si mes péchés m'arrêtent, ma substance me réclame, et si mes propres fautes m'excluent, ma communauté de nature avec Jésus-Christ n'admet pas cette exclusion (1).

(1) *Quanvis peccator sim, de hac tamen communione gratiæ non diffido. Et si peccata mea prohibent, substantia mea requirit ; et si delicta propria me excludunt, naturæ communio non repellit.*

CHAPITRE XIII

QUE LE VERBE INCARNÉ
EST LA CAUSE DE NOTRE ESPÉRANCE.

En effet, le Seigneur ne peut pousser l'inimitié jusqu'à ne plus chérir sa chair, ses membres et ses entrailles. Certes, en considérant l'excès de mes péchés, de mes vices, de mes fautes, et le nombre infini des négligences que j'ai commises et que je commets chaque jour, à tout instant, par la pensée, par la parole, par mes œuvres et de toutes manières dont peut pécher notre humaine fragilité, j'aurais bien pu désespérer, mon Dieu, si votre Verbe n'eût été fait chair et n'eût habité parmi nous.

Mais comment oserais-je encore me

livrer au désespoir (1), quand ce Fils qui vous a été soumis jusqu'à la mort, et à la mort de la croix, a pris le titre que vous donnaient contre moi mes péchés, et l'attachant à la croix a crucifié le péché et la mort (2). Désormais je me repose plein de sécurité en lui, qui siège à votre droite et intercède pour nos péchés. Confiant en lui, je désire arriver jusqu'à vous, en qui déjà nous sommes ressuscités et nous revivons ; déjà nous montons au ciel et y siégeons au milieu des Bienheureux : A vous la louange, à vous la gloire, à vous l'honneur et les actions de grâces.

(1) *Sed desperare jam non audeo.*
(2) *Tulit chirographum peccatorum nostrorum, et affligens illud cruci, peccatum crucifixit et mortem.*

CHAPITRE XIV

QUE PLUS ON MÉDITE SUR DIEU,
ET PLUS DOUCE EST CETTE MÉDITATION.

Seigneur plein de tendresse qui nous avez ainsi aimés et sauvés, ainsi vivifiés et glorifiés ; Seigneur plein de bonté, que votre souvenir est doux ! Plus je pense à vous, plus vous m'êtes aimable et doux. Et puisque les biens qui sont en vous me charment à ce point, je veux dans la mesure où me le permet la fragilité de ma nature, dans ce lieu d'exil, appliquer les plus pures facultés de mon intelligence et les plus douces affections d'un cœur pieux à désirer et à considérer les merveilles de votre amour et de votre beauté. Car j'ai été blessé du trait de votre charité. Le désir qui m'emporte vers vous me brûle comme un feu violent (1), je veux arriver jusqu'à vous, j'aspire à vous voir. C'est pourquoi je prolongerai ma garde (2), et les yeux éveillés je chanterai vos louanges, en esprit, en pensée et de toutes mes forces : je louerai celui qui m'a fait et refait, je pénétrerai le ciel par la pensée, et je serai avec vous par désir. Je ne veux plus tenir que par le corps à la misère présente. C'est avec vous que je veux être par la pensée, par l'avidité et l'ardeur de toutes les puissances du désir (3), jusqu'au jour où mon cœur

(1) *Tui vehementer desiderio flagro.*
(2) *Super custodiam meam stabo, et vigilantibus oculis psallam.....*
(3) *Polum penetrabo mente, et desiderio tecum ero, ut in praesenti quidem miseria solo corpore tenear, tecum autem cogitatione et aviditate.....*

sera où vous êtes, mon trésor désirable, incomparable et mille fois aimable ! Mais, hélas ! ô mon Dieu très tendre et très miséricordieux, tandis que je m'efforce de considérer la gloire de votre immense bonté et tendresse, mon cœur n'y peut suffire. Votre honneur, votre beauté, votre force, votre gloire, votre magnificence, votre majesté et votre charité passent le sens de tout esprit humain.

Tant est estimable la bénignité de l'éternelle charité qui vous a porté à adopter pour fils et à vous les conjoindre ceux que vous avez créés de rien.

CHAPITRE XV

O mon âme, si chaque jour il nous
fallait souffrir des tourments, si les supplices mêmes de l'enfer devaient être
longtemps supportés par nous, avant
d'arriver à voir le Christ dans sa gloire
et à être associés à ses saints, ne serait-il
pas juste de souffrir tout ce qu'il peut y
avoir de triste pour devenir participants
de tant de bonheur et de tant de gloire ?

Ainsi donc, que les démons préparent
leurs tentations et leurs embûches, que
les jeûnes brisent mon corps, que les
vêtements de pénitence pèsent sur ma
chair, que les travaux m'accablent, que

les veilles me dessèchent, que celui-ci
me décrie, que cet autre me tourmente,
que le froid me courbe, que ma conscience murmure, que la chaleur me
brûle, que mon corps gémisse, que la
maladie brûle ma poitrine, enfle mon
estomac, pâlisse mon visage et me rende
infirme des pieds à la tête ; que ma vie
défaille dans la douleur et mes années
dans les gémissements, que la pourri-
ture entre dans tous mes os et se ré-
pande dans tout mon être (1), pourvu
que je trouve le repos au jour de la tri-
bulation, et que je monte vers ce peuple
des nôtres qui ont combattu le bon com-
bat (2).

Quelle ne sera pas, en effet, la gloire

(1) *Ingrediatur putredo in ossibus meis et subter
me scateat.*
(2) *Et ascendam ad populum accinctum nostrum.*

des justes ; quelle sera la joie des saints, alors que chaque visage brillera comme le soleil (1) ; quand, dans le royaume de son Père, le Seigneur opérera le recensement de son peuple, formant diverses hiérarchies, et rendra à chacun, suivant ses œuvres et ses mérites, les récompenses qu'il nous a promises : donnant pour des œuvres de la terre les biens du ciel, pour des actions d'un moment d'éternelles récompenses, pour des riens des biens sans prix ! Mais la félicité atteindra son comble quand le Seigneur conduira ses saints à la vision de la gloire du Père, et qu'il les fera asseoir avec lui dans les hauteurs des cieux, afin que Dieu soit toutes choses en tous (2).

(1) *Cum unaquæque facies fulgebit ut sol.*
(2) *Ut sit Deus omnia in omnibus.*

CHAPITRE XVI

COMMENT
PEUT S'ACQUÉRIR LE ROYAUME DES CIEUX.

O joie des joies, félicité des félicités (1), voir les saints, être avec les saints, être saint soi-même, voir Dieu, posséder Dieu pour l'éternité et par delà l'éternité ! C'est à ces félicités qu'il faut consacrer toute l'ardeur de nos pensées, c'est elles qu'il faut désirer de tout le désir de nos cœurs, afin de nous rendre dignes d'y parvenir bientôt.

Si tu demandes comment cela pourra se faire, à l'aide de quels mérites, de quels secours, écoute : ce bonheur a été mis en la puissance de celui qui le

(1) *O felix jucunditas et jucunda felicitas.*

fait, puisque le royaume du ciel souffre violence. Le royaume du ciel, ô homme, n'exige d'autre prix que toi-même ; il vaut ce que tu vaux. Donne-toi et tu l'auras. Eh quoi ! ce prix te trouble ? Le Christ s'est bien livré lui-même afin de te gagner à Dieu le Père, comme son royaume. De même toi, donne-toi toi-même pour être son royaume, que le péché ne règne plus dans ton corps mortel; mais bien l'âme à la recherche de la vie.

CHAPITRE XVII

CE QU'EST ET CE QUE CONTIENT LE PARADIS.

O mon âme, retournons vers la Cité
céleste, où nous sommes inscrits au
nombre des citoyens.

En cette qualité de citoyens du ciel et
de familiers de Dieu, d'héritiers de Dieu
et de cohéritiers du Christ, considérons,
autant que cela nous est possible, la
félicité sans pareille de notre royaume.
Disons donc avec le prophète : « Que de
choses l'on dit à ta gloire, ô Cité de Dieu ;
tu es bien la demeure de la joie ! Le tressaillement de joie de la terre entière te
sert de fondement. En toi nulle vieillesse ni aucune des misères qui accom-
pagnent la vieillesse. Tu ne renfermes

dans les murs, ni manchot, ni boiteu[r],
ni bossu, ni aucune des infirmités qui
déforment le corps; tous les citoyens
rencontrent dans cet état de perfection
et cet âge du Christ qui constituent
pleinude de la nature humaine (1)

Quoi de plus merveilleux que cette [...]
ni la pauvreté, ni le chagrin, ni la [...]
ne ne sont à craindre [...]
bâbie, ni l'envie ne trouvent [...] dans
les esprits. Nulle culpière ne vous [...]
Nulle faim ne se fait sentir, nulle [...]
non ne [...] pousse vers les honneurs
ni pouvoir. Leur désir [...]
diable, les embrasser [...]
[...] de s'aller [...] Au lieu de l'orme [...]

du corps et de l'âme, une vie rendue délicieuse par le don de l'immortalité. Là, jamais de maux, jamais la moindre discorde : au contraire, tout s'harmonisera, conviendra, grâce à la concorde parfaite qui régnera entre tous les saints. Tout respirera la paix, la joie, la tranquillité et le repos parfaits.

Une éternelle splendeur y brillera, non celle qui existe dès maintenant, mais une splendeur d'autant plus brillante qu'elle sera plus remplie de bonheur, car, ainsi que nous le lisons dans l'Ecriture, cette Cité ne sera privée ni de soleil ni de lune, mais le Seigneur tout-puissant l'illuminera, et sa lampe est l'Agneau. Là, dans une éternité sans fin, les saints brilleront comme des étoiles, ceux qui enseignent les multitudes comme la clarté du firmament.

Aussi n'y aura-t-il ni nuit, ni ténèbres, ni nuages amoncelés, ni froid, ni chaleur excessifs, mais une mesure si juste de toutes choses, que ni l'œil n'a rien vu de semblable, ni l'oreille n'a rien entendu, ni rien n'en est monté au cœur d'aucun homme, si ce n'est de ceux qui ont été trouvés dignes d'en jouir et dont les noms sont inscrits au livre de vie. Mais ce qui sera supérieur à tous ces biens, ce sera d'être associé aux chœurs des anges, des archanges et de toutes les vertus célestes ; de voir les patriarches et les prophètes, de voir les apôtres et tous les saints, de voir aussi nos pères et mère (1). Glorieuses visions, mais combien plus glorieuse encore la vue de Dieu présent, la vision de la lumière

____

(1) *Videre etiam parentes nostras.*

incirconscrite, car la gloire sera à son comble quand nous verrons Dieu en lui-même, que nous verrons et que nous aurons en nous celui dont la vision n'aura jamais de fin.

CHAPITRE XVIII

QUE L'HOMME NE PEUT RIEN RENDRE A DIEU SI CE N'EST PAR L'AMOUR.

L'âme, dont le caractère insigne est d'être à l'image de Dieu et qui doit tout son lustre à cette ressemblance, a en soi quelque chose de divin qui l'avertit sans cesse de rester avec Dieu ou de revenir à lui, si ses affections ou plutôt ses défections l'en ont éloignée. Et non seulement elle a de quoi pouvoir se reposer dans l'espoir du pardon et de la miséricorde, mais même de quoi oser aspirer aux noces du Verbe, contracter alliance avec Dieu et porter, avec le Roi des anges, le joug suave de l'amour.

Tous ces miracles, l'amour les réalise,

pourvu que l'âme se montre semblable par la volonté au Dieu auquel elle est semblable par nature ; pourvu qu'elle aime comme elle a été aimée. Car, entre tous les sentiments qui peuvent émouvoir l'âme, l'esprit ou le cœur, l'amour est le seul au moyen duquel il soit donné à la créature de répondre, malgré son indignité, aux avances de son auteur, ou du moins de lui rendre un peu de retour (1).

L'amour, dès qu'il est venu, absorbe en lui-même toutes les autres affections et les tient captives. L'amour suffit par lui-même, plaît par lui-même et par lui seul ; en lui se trouvent à la fois le mérite, la récompense, la cause, la jouis-

_____

(1) *Solus enim est amor ex omnibus animæ motibus, sensibus atque effectibus, in quo potest creatura, et, si non ex æquo, respondere auctori, vel ipsi mutuam rependere vicem.*

sance et l'usage de toute chose (1). Par l'amour, en effet, nous sommes unis à Dieu. L'amour sait fondre deux âmes en une seule. L'amour crée un même vouloir et un même non-vouloir. L'amour, en premier lieu, amène la réforme des mœurs ; en second lieu, il porte à considérer tout ce qui existe comme n'existant pas ; en troisième lieu, il purifie le fond du cœur et lui fait voir les biens célestes et intérieurs (2).

Par l'amour, d'abord dans ce monde, on use sagement des plaisirs permis ; puis ces plaisirs mêmes sont dédaignés; enfin les secrets mêmes de Dieu se laissent entrevoir (3).

(1) *Ipse meritum, ipse præmium, ipse causa, ipse fructus, ipse usus.*

(2) *Tertio vero loco, munda cordis acie superna et interna conspicere.*

(3) *Ad extremum, etiam Dei intima conspiciuntur.*

CHAPITRE XIX

CE QUE DIEU DÉSIRE TROUVER EN NOUS DE SEMBLABLE À LUI.

Dieu le Père est charité, Dieu le Fils est dilection. L'Esprit-Saint est l'amour du Père et du Fils.

Cette charité, cette dilection désire trouver en nous quelque chose qui lui ressemble, à savoir la charité, au moyen de laquelle nous lui sommes joints et associés comme par une affinité du sang. L'amour ne connaît ni la dignité ni le respect. Celui qui aime de lui-même approche Dieu plein de confiance et lui parle familièrement, sans crainte, sans hésitation (1).

(1) *Qui amat, per seipsum, fiducialiter accedit ad Deum, familiariterque loquitur ei, nihil timens.*

C'est perdre ce qui est la vie que de n'aimer pas. Pour celui qui aime, au contraire, les yeux sont toujours fixés sur ce Dieu qu'il chérit, qu'il désire, qu'il contemple, dans lequel il se délecte et dont il se nourrit et s'engraisse (1). Sa dévotion est aussi profonde, ses chants, ses lectures, ses moindres actions sont aussi pleines de circonspection et de recueillement que si Dieu était là, présent sous ses yeux, comme, en effet, il est là. Sa prière est ce qu'elle serait si, porté au ciel, il se trouvait en présence de la Majesté qui trône sur les hauteurs, où mille milliers d'anges la servent, où des centaines de mille lui font cortège.

L'âme que visite l'amour est tenue

(1) *In quo pascitur, in quo impinguatur.*

éveillée durant son sommeil même. Il l'avertit, l'attendrit et blesse son cœur. Tout ce qui, en elle, est ténébreux, il l'illumine; tout ce qui est clos, il l'ouvre; tout ce qui est froid, il l'enflamme; il adoucit l'aigreur, l'irritabilité ou l'impatience de son caractère, met en fuite les vices, comprime les affections charnelles, amende les mœurs, réforme et renouvelle l'esprit. Il tient en bride les mouvements qui naissent de l'ardeur de l'âge ou de la légèreté. Voilà les fruits de l'amour, quand il est présent.

Que s'il se retire, au contraire, l'âme aussitôt commence à tomber dans la langueur, comme une chaudière bouillante à laquelle on retirerait le feu.

CHAPITRE XX

DE LA CONFIANCE DE L'AME QUI AIME DIEU.

C'est une grande chose que l'amour. Par lui l'âme, sûre d'elle-même, s'approche de Dieu, s'attache à Dieu pour toujours, converse familièrement avec Dieu et le consulte sur toutes choses. L'âme qui aime Dieu ne peut penser à autre chose, ne peut parler d'autre chose, méprise tout le reste et trouve tout fastidieux.

Tout ce qu'elle pense, tout ce qu'elle dit a la saveur de l'amour, le parfum de l'amour, tant l'amour de Dieu s'en est emparé (1).

(1) *Quidquid meditatur, quidquid loquitur, amorem sapit, amorem redolet : ita amor Dei eam sibi vindicavit.*

Que celui qui veut arriver à connaître Dieu aime. En vain s'adonne à la lecture, à la méditation, à la prédication, à la prière, celui qui n'aime pas. L'amour de Dieu produit dans l'âme l'amour, et la fait tendre vers lui.

Dieu n'aime que pour être aimé. Quand il aime, il ne veut rien qu'être aimé, sachant que l'amour fait le bonheur de ceux qui s'aiment. L'âme éprise d'amour renonce à toutes ses affections, et tout entière s'adonne au seul amour, afin de pouvoir répondre à l'amour en rendant amour pour amour ; mais, alors qu'elle se fondrait tout entière en amour, que serait-ce encore auprès de cette source éternellement jaillissante ?

Quelle inégalité dans l'abondance des présents entre l'amour et l'amant, entre l'âme et Dieu, entre le Créateur et la créature ! Et cependant si l'âme aime Dieu de tout son être, rien ne manque là où tout est donné.

Qu'elle ne craigne rien, l'âme qui aime ; c'est à celle qui n'aime pas de trembler. L'âme aimante, portée par ses aspirations, entraînée par ses désirs, cache ses mérites, ferme les yeux devant la majesté, les ouvre aux délices, se reposant sur Celui qui est son salut, et agissant familièrement avec lui. Par l'amour, l'âme se sépare des sens et les dépasse, afin de ne plus se sentir elle-même, maintenant qu'elle sent Dieu. C'est ce qui arrive quand, saisie par la douceur ineffable de Dieu, l'âme se dérobe en quelque sorte à elle-même, bien plus, est ravie, arrachée à elle-même pour jouir, et cela jusqu'aux dernières limites du bonheur. Rien n'égalerait les délices de cet instant, s'il n'était si court.

L'amour donne la familiarité avec Dieu ; la familiarité nous fait oser ; oser donne le goût, et le goût donne la faim de Dieu. L'âme qu'a touchée l'amour de Dieu ne peut plus avoir d'autre pensée ni d'autre désir, mais fréquemment elle soupire, disant : Comme le cerf soupire après les sources rafraîchissantes, ainsi mon âme soupire après vous, mon Dieu !

CHAPITRE XXI

CE QUE DIEU A FAIT POUR L'HOMME.

Dieu, par amour, est venu vers les hommes, est venu dans les hommes, et s'est fait homme. Par amour, Dieu invisible a été fait semblable à ses esclaves. Par amour, il a été couvert de plaies, à cause de nos crimes. Dans les plaies du Sauveur, les infirmes et les pécheurs trouvent un repos tranquille et assuré. En toute sécurité j'y établis ma demeure, et par ces plaies je vois son cœur ouvert (1).

Tout ce qui peut me manquer à moi-même, je le prends dans le cœur de mon

(1) *Securus illic habito, patent mihi viscera per vulnera.*

Maître et me l'approprie, puisque ses miséricordes abondent et que nombreuses sont les ouvertures par lesquelles elles s'écoulent (1). A travers ces ouvertures de son corps, je vois les mystères de son cœur (2).

Je vois le grand sacrement de son amour. Je vois les entrailles de cette miséricorde de notre Dieu, par suite de laquelle, se levant du haut du ciel, il est venu nous visiter.

Les plaies de Jésus-Christ sont pleines de miséricorde, pleines de piété, pleines de douceur et de charité pour les hommes qui ont troué ses mains et ses pieds, et ont transpercé son côté d'une lance. Par

(1) *Quidquid ex me mihi deest, usurpo mihi ex visceribus domini mei : quoniam misericordiæ affluent, nec desunt foramina per quæ affluent.*
(2) *Per foramina corporis patent mihi arcana cordis.*

ces ouvertures (1), il m'est permis de
goûter combien suave est le Seigneur
mon Dieu, car il est bien vrai qu'il est
suave et doux, et plein de miséricordes à
tous ceux qui l'invoquent dans la vérité,
à tous ceux qui le cherchent et surtout
à ceux qui l'aiment.

Quelle abondante rédemption, quelle
profusion de douceur, quelle plénitude
de grâce, et quelle perfection de vertus
ne nous sont-elles pas données dans les
plaies de Jésus-Christ notre Sauveur !

(1) *Per has rimas.*

CHAPITRE XXII

DU SOUVENIR DES PLAIES
DE JÉSUS-CHRIST NOTRE SAUVEUR.

Lorsque je me sens tourmenté par quelque pensée basse, je me retourne vers les plaies du Christ. Lorsque ma chair me presse, je me relève en rappelant à mon cœur les plaies de mon Seigneur. Lorsque le démon me prépare des embûches, je fuis aux entrailles de miséricorde de mon Maître, et le tentateur s'enfuit. Si l'ardeur des passions impures se répand dans mes membres, elle s'éteint au souvenir des plaies du Fils de Dieu notre Seigneur.

Dans toutes les adversités, je n'ai trouvé remède aussi efficace que les plaies du Christ. En elles, je dors en sûreté et je repose sans crainte. Il n'est, jusque dans la mort, rien de si amer qui ne soit adouci par la mort du Christ.

Tout mon espoir est dans la mort de mon Maître. Sa mort est mon mérite et mon refuge, mon salut, ma vie et ma résurrection. Mes mérites sont la miséricorde du Seigneur. Tant que ce Seigneur des miséricordes sera là, je ne serai pas dépourvu de mérites (1).

Autant abondent les miséricordes du Seigneur, autant abondent mes mérites. Et ma sécurité n'a pas plus de bornes que son pouvoir de me sauver (2).

(1) *Meritum meum, miseratio Domini. Non sum meriti inops, quamdiu ille miscrationum dominus non defuerit.*

(2) *Quanto ille potentior est ad salvandum, tanto ego sum securior.*

CHAPITRE XXIII

QUE LE RESSOUVENIR DES PLAIES DU CHRIST
EST UN RÉMÈDE EFFICACE CONTRE TOUTES
LES ADVERSITÉS.

J'ai péché, j'ai péché grandement, et
ma conscience avoue que mes fautes se
sont multipliées. Mais je ne désespère
pas pour cela, car où les fautes ont
abondé, le pardon a surabondé. Qui désespère du pardon de ses péchés nie la
miséricorde de Dieu. Il fait à Dieu la
grande injure, celui qui se défie de sa
miséricorde. Autant qu'il est en lui, il
nie que Dieu ait la charité, la vérité et
la puissance, trois attributs dans les-
quels réside tout mon espoir, car il
réside dans la charité de l'adoption, dans
la vérité de la promesse, dans le pou-

voir de la rédemption. Que ma raison murmure tant qu'elle voudra, disant : Qui donc es-tu ? Sais-tu combien grande est cette gloire ? Par quels mérites espères-tu l'obtenir ? Je lui répondrai, plein de confiance : Je sais en qui j'ai cru, parce que, dans l'excès de sa charité, il m'a adopté pour fils ; parce qu'il est véridique dans sa promesse, puissant dans l'exécution, et que ce qu'il veut, il le peut.

La multitude même de mes péchés n'a pas le pouvoir de me terrifier si la mort du Seigneur vient à ma pensée, parce que mes péchés ne peuvent l'emporter sur lui. Les clous et la lance me crient que j'ai été vraiment réconcilié avec le Christ si seulement je l'ai aimé. Longin m'a ouvert, de sa lance, le côté du Christ, et moi, j'y suis entré, et là je repose sans crainte. Qu'il aime, celui qui craint : la charité chasse la crainte. Contre les ardeurs de la luxure, il n'est point de remède plus puissant ni plus efficace que la mort de mon Rédempteur. Il a étendu ses bras sur la Croix et ouvert ses mains, disposé aux embrassements des pécheurs. Entre les bras de mon Sauveur, je veux vivre et je désire mourir. C'est là que, en toute sécurité, je publierai vos louanges, Seigneur, et j'exalterai votre nom, parce que vous m'avez pris en votre protection, et vous n'avez pas permis à mes ennemis de se jouer de moi. C'est pour donner des baisers à ses bien-aimés que notre Sauveur inclina la tête, à sa mort. Autant de fois nous sommes touchés de l'amour de Dieu, autant de fois nous lui rendons baiser pour baiser.

CHAPITRE XXIV

O mon âme, rendue insigne par l'image de Dieu, rachetée par le sang du Christ, épousée par la foi, dotée par l'Esprit, ornée de vertus et destinée à te mêler aux anges, aime celui qui t'a tant aimée ; tends à celui qui tend à toi ; cherche-le puisqu'il te cherche. Aime ton amant, puisqu'il t'aime, puisque son amour t'a prévenue et qu'il est la cause de ton amour. C'est lui qui est ton mérite, c'est lui qui est ta récompense, c'est lui qui est ta jouissance, c'est lui qui est ton utilité, c'est lui qui est ta fin. Réponds à sa sollicitude par ta sollicitude, à sa générosité par ta générosité, à sa pureté par ta pureté, à sa sainteté par ta sainteté (1).

Telle tu es apparue à Dieu, tel il faut que Dieu t'apparaisse. Suave, doux, plein de miséricorde, il cherche les suaves, les doux, les aimables, les miséricordieux. Aime celui qui t'a arrachée à la lie du malheur (2).

Choisis pour ami par-dessus tous tes amis celui qui, lorsque tout te manquera, seul te restera fidèle. Au jour de ta sépulture, quand tous tes amis s'éloigneront de toi, lui ne t'abandonnera pas. Il te protégera contre les bêtes rugissantes prêtes à se jeter sur leur proie, te conduira à travers la région inconnue et t'amenant jusqu'aux places de la

____

(1) *Esto sollicita cum sollicito, cum vacante vacans, cum mundo munda, cum sancto sancta.*
(2) *Ama illum qui eduxit te de lacu miseriæ.*

Sion (1) d'en haut, il t'y fera asseoir avec les anges devant la face de sa majesté, où tu entendras cette mélodie angélique : « Saint, Saint, Saint... » C'est là que s'élèvent le cantique de l'allégresse, les cris de transport et de salut, l'action de grâce, les acclamations de louanges et l'alléluia sans fin. C'est là que se trouvent le comble de la félicité, la gloire suréminente, la joie surabondante et tous les biens.

O mon âme, soupire avec ardeur, excite tes désirs jusqu'à la véhémence, afin de parvenir à entrer dans cette cité supérieure dont tant de choses glorieuses ont été dites, et qui est comme la demeure de toutes les joies.

(1) *Te tuebitur a rugientibus præparatis ad escam et conducet te per ignotam regionem, atque perducet ad plateas supernæ Sion.*

Par l'amour, tu peux y monter. A celui qui aime, rien n'est impossible, rien n'est difficile. L'âme qui aime monte fréquemment et parcourt familièrement les places de la céleste Jérusalem, visitant les patriarches et les prophètes, saluant les apôtres, admirant l'armée des martyrs et des confesseurs, et contemplant les chœurs des vierges : le ciel et la terre, et tout ce qu'ils contiennent, ne cessent de me dire : Aime ton Dieu.

CHAPITRE XXV

RIEN NE PEUT SUFFIRE A L'AME, EXCEPTÉ LE SOUVERAIN BIEN.

Le cœur humain qui ne s'est pas fixement attaché au désir de l'éternité jamais ne peut être stable, mais, plus inconstant que l'inconstance même, il passe d'une chose à l'autre, cherchant le repos où il n'est pas. Mais dans ces biens caducs et passagers qui tiennent ses affections captives, il ne peut trouver un vrai repos ; car si grande est sa dignité que nul bien, sauf le souverain bien, ne lui peut suffire. Si grande est sa liberté qu'aucun vice n'a le pouvoir de l'enchaîner.

En conséquence, pour chacun de nous, la volonté propre est la seule cause de la damnation ou du salut ; aussi ne pouvons-nous offrir à Dieu un don plus riche que celui de la bonne volonté.

La bonne volonté fait descendre Dieu jusqu'à nous et nous relève vers lui (1). Par la bonne volonté nous aimons Dieu, nous choisissons Dieu, nous courons à Dieu et nous le possédons.

O bonne volonté qui nous reforme à l'image de Dieu et nous rend semblables à lui ! La bonne volonté paraît si aimable à Dieu qu'il ne veut pas habiter dans le cœur où elle n'existe pas (2). La bonne volonté incline jusqu'à elle la trinité de cette Majesté suprême ; car

(1) *Bona voluntas Deum ad nos deducit et nos in cum dirigit.*
(2) *Ita amabilis est Deo voluntas, ut ipse in corde habitare non velit, in quo bona voluntas non fuerit.*

la sagesse l'illumine par la connaissance de la vérité ; la charité l'enflamme du désir de la bonté, et la paternité garde ce qu'elle a créé en elle, de peur qu'il ne périsse.

CHAPITRE XXVI

EN QUOI CONSISTE
LA CONNAISSANCE DE LA VÉRITÉ.

Qu'est-ce que la connaissance de la vérité ? D'abord te connaître ; et, ce que tu dois être, t'appliquer à l'être ; corriger, au contraire, ce qu'il y a à corriger. Ensuite connaître et aimer ton Créateur, car c'est là tout le bien de l'homme.

Vois donc quelle ineffable dilection la charité divine nous a témoignée (1). Elle nous a créés de rien, et tout ce que nous avons, c'est elle qui nous l'a donné. Mais parce que nous avons préféré le don au Donateur, la créature au Créa-

____

(1) *Vide ergo quam inemabilis est divinæ charitatis erga nos dilectio.*

teur, nous sommes tombés dans les lacets du démon, et nous avons été faits ses esclaves.

Alors Dieu, ému de miséricorde, a envoyé son Fils, par lequel il nous a rachetés de l'esclavage ; puis il a envoyé l'Esprit-Saint, par lequel il nous a appelés de l'esclavage au titre de fils adoptifs (1). Il a donné son Fils pour prix de la rédemption, et l'Esprit-Saint comme gage de son amour privilégié. Lui-même enfin se réserve tout entier pour être l'héritage auquel donne droit son adoption (2).

Ainsi Dieu, comme le plus tendre et

(1) *Deus vero, misericordia motus, misit filium suum quo redimeret servos, misit etiam spiritum sanctum, quo servos adoptaret in filios.*

(2) *Filium dedit in pretium redemptionis, spiritum in privilegium amoris, se denique totum servat in hereditatem adoptionis.*

le plus miséricordieux des pères, par amour pour l'homme et par désir de le posséder, a non seulement prodigué tous ses biens, mais encore s'est prodigué lui-même, afin de recouvrer l'homme, moins dans un intérêt personnel que dans l'intérêt même de l'homme (1).

Pour que les hommes pussent naître de Dieu, Dieu, le premier, a voulu naître d'eux.

Quel est le cœur si dur que n'attendrirait pas l'amour de Dieu, alors qu'il fait à l'homme de telles avances (2), amour dis-je, si violent que, en faveur de l'homme, il a daigné se faire homme.

Qui pourrait haïr l'homme dont il voit la nature et la ressemblance dans l'hu-

(1) *Non solum sua, verum etiam et se ipsum impendit, ut hominem recuperaret, non tam sibi quam homini ipsi.*
(2) *Sic hominem preveniens.*

manité d'un Dieu ? Certainement celui qui le hait, hait Dieu même, et ainsi tout ce qu'il fait se trouve perdu. C'est à cause de l'homme, en effet, que Dieu s'est fait homme, que le Créateur s'est fait Rédempteur. Il voulait ainsi que l'homme fût racheté de ses propres ressources, et que lui-même pût être aimé plus familièrement par l'homme (1).

Dieu est apparu dans la ressemblance de l'homme, afin que l'un et l'autre sens de l'homme soient béatifiés en lui, que l'œil de son corps retrouve sa limpidité dans l'humanité du Christ, et que l'œil de son cœur la retrouve dans sa divinité ; afin que, à son entrée dans ce monde aussi bien qu'à sa sortie, cette nature humaine qu'il a formée à son

(1) *Ut de suo redimeretur homo et ut familiarius diligeretur ab homine.*

image, pût trouver son aliment en elle-
même (1).

(1) *Ut uterque sensus hominis in ipso beatifica-
retur et reficeretur oculus cordis in ejus divinitate,
et oculus corporis in ejus humanitate : ut sive ingre-
diens, sive egrediens, in ipsod pascua inventret natura humana condita ab ipso.*

CHAPITRE XXVII

CE QU'OPÈRE EN NOUS
LA MISSION DE L'ESPRIT-SAINT.

Notre Sauveur, en effet, est né pour nous, il a été crucifié et il est mort pour nous, afin que par sa mort il détruisît notre mort.

Et parce que la grappe de sa chair avait été portée au pressoir de la croix, et que sous cette étreinte la divinité commençait à couler à flots (1), l'Esprit-Saint fut envoyé pour préparer les vaisseaux des cœurs, afin que le vin nouveau fût déposé dans des outres neuves :

(1) *Et quia botrus carnis portatus fuerat ad torcular crucis et expressione facta fluere cœperat multum divinitatis.*

d'abord pour purifier les cœurs, de peur qu'ils ne souillassent la liqueur qu'ils allaient recevoir, et puis pour les bien fermer, de peur qu'ils ne la laissassent perdre (1), pour les purifier de la joie de l'iniquité et les fermer à la joie de la vanité. Car ce qui est bon ne peut entrer si d'abord ne se retire ce qui est mauvais. La joie de l'iniquité souille, et la joie de la vanité répand. La joie de l'iniquité salit le vase, et la joie de la vanité lui fait mille fêlures (2). La joie de l'iniquité consiste à aimer le péché, et la joie de la vanité à aimer les choses qui passent.

Rejette donc ce qui est mauvais, afin

(1) *Primum ut corda mundarentur, ne infusum pollueretur, et postea ligarentur, ne infusum amitteretur.*
(2) *Gaudium iniquitatis redit vas sordidum, et gaudium vanitatis facit rimosum.*

de recevoir ce qui est bon. Répands l'amertume, afin de pouvoir t'emplir de douceur. L'Esprit-Saint est joie et amour. Rejette l'esprit du démon et l'esprit du monde, afin de recevoir l'Esprit de Dieu.

L'esprit du démon opère la joie de l'iniquité, et l'esprit du monde la joie de la vanité. Et ces joies sont mauvaises, puisque l'une contient le péché et l'autre l'occasion du péché (1). Mais quand les esprits du mal auront été chassés, l'Esprit de Dieu viendra, il entrera dans le tabernacle de ton cœur et y fera naître la joie bonne, le bon amour qui chasse l'amour du monde et l'amour du mal. L'amour du monde allèche et trompe. L'amour du péché souille et conduit à la

(1) *Et hæc gaudia mala sunt, quoniam alterum habet culpam, alterum occasionem culpæ.*

mort. L'amour de Dieu illumine l'intelligence, épure la conscience, réjouit l'âme
et fait voir Dieu (1).

(1) *Amor Dei mentem illuminat, conscientiam
mundat, animam lætificat, et Deum demonstrat.*

CHAPITRE XXVIII

DES ŒUVRES DE CELUI QUI AIME DIEU.

Celui en qui se trouve l'amour de Dieu est toujours à se demander quand il parviendra jusqu'à Dieu ; quand il quittera le monde, quand il échappera à la corruption de la chair. Pour trouver la vraie paix, il tient toujours son cœur et ses désirs tournés vers les choses d'en haut. Quand il marche ou qu'il reste assis, quand il repose ou qu'il se livre à quelque travail, le cœur ne s'écarte pas de Dieu. Il exhorte tout le monde à l'amour de Dieu ; à tous il recommande l'amour de Dieu. De cœur, de bouche et par ses œuvres, il montre à tous combien doux est l'amour de Dieu, combien mauvais, combien amer l'amour du siècle.

Il se rit de la gloire de ce siècle, lui reproche ses sollicitudes et lui prouve que c'est folie de se reposer sur ce qui doit passer. Il admire l'aveuglement des hommes qui s'attachent à ces choses. Il va jusqu'à s'étonner que tout ce qui est caduc ou même passager ne soit pas délaissé par tous. Il estime doux à tous les goûts ce dont il aime la saveur ; agréable à tous ce qu'il aime ; évident pour tous ce qu'il sait.

Souvent il contemple son Dieu, et, dans sa contemplation, il se sent délicieusement revivre, avec un plaisir d'autant plus vif qu'il se renouvelle plus fréquemment. Car il est doux de penser toujours à ce qui est toujours délicieux à aimer et à louer.

CHAPITRE XXIX

DU VRAI REPOS DU COEUR.

Assurément, c'est le vrai repos pour le cœur, lorsque, par désir, il s'enfonce tout entier dans l'amour de Dieu, qu'il ne recherche rien autre chose, mais qu'en celui qu'il tient il jouit d'une sorte de douce béatitude et trouve son bonheur dans cette jouissance (1).

Que si quelque vaine pensée ou des occupations extérieures viennent le distraire un instant, avec une extrême promptitude il se hâte d'y revenir, regardant comme un exil de s'attarder

(1) *Nec quidquam aliud appetit, sed in eo quod tenet feliciti quædam dulcedine delectatur, delectando jucundatur.*

partout ailleurs. Comme il n'est, en effet, aucun instant où l'homme ne jouisse ou n'use de la tendresse de Dieu, il ne doit exister non plus aucun instant où il ne l'ait présent à la mémoire.

Aussi ne se rend pas coupable d'une faute légère quiconque, dans l'oraison, s'entretient avec Dieu, et tout à coup se laisse distraire de sa présence, comme s'il se trouvait devant quelqu'un qui ne voit ni n'entend (1). C'est ce qui arrive cependant à celui qui s'arrête aux pensées mauvaises et importunes, à quelque vile créature, dont l'image se présente facilement à l'esprit, et à laquelle il donne la préférence, en la retenant et la rappelant souvent à sa pensée, plutôt que le Dieu qu'il est tenu constamment

(1) *Quasi ab oculis non videntis nec audientis.*

d'honorer comme Créateur, d'adorer comme Rédempteur, d'attendre comme Sauveur, de craindre comme Juge (1).

(1) *Illam videlicet in cogitatione sæpius revolvendo vel cogitando quam Deum, quem assidue debet recolere creatorem, adorare redemptorem, expectare salvatorem, timere judicem.*

CHAPITRE XXX

TOUT CE QUI DÉTOURNE DE DIEU
LE REGARD DE L'AME
EST ABSOLUMENT A FUIR ET A EXÉCRER.

Qui que tu sois, qui aimes le monde, dans ton intérêt, regarde où il faut aller. Cette voie que tu suis est la pire des voies et pleine de défaites. Fuis donc un peu tes occupations, ô homme, et dérobe-toi un instant au tumulte de tes pensées. Et maintenant, rejette loin de toi les soucis pesants, renvoie à plus tard les discussions laborieuses, occupe-toi quelque peu de Dieu, et repose-toi un peu en lui (1). Entre dans le réduit de

(1) *Abjice nunc onerosas curas, postpone laboriosas dissensiones : vaca aliquantulum Deo, et paululum requiesce in eo.*

ton âme, exclus-en tout, excepté Dieu
et ce qui peut t'aider à le chercher, et,
la porte bien close, cherche-le.

Que tout ton cœur dise alors à Dieu :
Je cherche votre visage, c'est votre
visage que je demande (1). Et maintenant donc, Seigneur mon Dieu, enseignez vous-même à mon cœur où et comment on vous cherche, où et comment
on vous trouve. Seigneur, si vous
n'êtes pas ici, où vous chercherai-je
absent ? Et si vous êtes partout, pourquoi ne vous vois-je pas présent (2) ?

Certes, vous habitez une lumière inaccessible ! Hé ! comment monterai-je à
la lumière inaccessible ? Ou qui me con-

(1) *Dicat nunc totum cor tuum Deo : quæro vultum tuum ; vultum tuum, Domine, requiro.*

(2) *Domine, si hic non es, ubi te quæram ab-
sentem ? Si autem ubique es, cur te non video præ-
sentem ?*

duira et m'introduira en elle, afin que,
en elle, je vous voie ? Et/puis, à quel
signe, à quels traits vous reconnaîtrai-
je ? Jamais je ne vous vis, mon Dieu ;
je ne connais pas encore votre visage.
Que fera donc, Seigneur, que pourra
faire ce voyageur exilé loin de vous ?
Que fera votre esclave anxieux de votre
amour et rejeté loin de votre visage ?
Le voici tout haletant du désir de vous
voir, votre visage lui manque trop. Il
aspire à arriver jusqu'à vous, et votre
demeure est inaccessible. Il est désireux
de vous trouver et il ne sait où vous
êtes ; il ne cesse de vous chercher, et il
ne connaît pas votre visage (1).

(1) *Invenire te cupit, et nescit locum tuum : quærere te affectat, et ignorat vultum tuum.*

CHAPITRE XXXI

Seigneur, vous êtes mon Dieu et mon Maître, et jamais je ne vous ai vu. Vous m'avez fait, et vous m'avez refait, et toutes vos richesses, vous me les avez conférées, mais vous, je n'ai pu arriver à vous voir, je ne vous connais pas encore. Enfin j'ai été fait pour vous voir, et je n'ai pas fait encore ce pourquoi j'ai été fait.

O misérable sort de l'homme, quand il perdit ce pourquoi il a été fait ! O cruelle et terrible chute ! Hélas ! qu'a-t-il perdu et qu'a-t-il trouvé ? Qu'est-il parti et qu'est-il resté ?

Il a perdu la béatitude pour laquelle il avait été fait, et trouvé la misère pour laquelle il n'était pas fait. Ce qui s'est retiré, c'est ce sans quoi il n'est pas de bonheur ; et ce qui est resté, c'est ce qui de soi n'est que misère.

L'homme, alors, mangeait le pain des anges dont aujourd'hui il est affamé. Il mange maintenant le pain de douleurs, dont alors il ignorait le goût.

Mais vous, Seigneur, jusques à quand... ? Nous oublierez-vous jusqu'à la fin ? Jusques à quand détournerez-vous de nous votre face ? Quand vous retournerez-vous vers nous pour nous exaucer ? Quand illuminerez-vous nos regards, en nous montrant votre face ? Quand vous rendrez-vous à nous ? Regardez-nous, Seigneur, et exaucez-nous ; illuminez-nous, et vous-même montrez-

vous à nous. Rendez-vous à nous, afin
que nous possédions le bonheur, vous
sans qui tout va mal en nous (1).

Encouragez-nous, je vous en conjure,
Seigneur, venez à notre aide. Mon cœur
s'est aigri dans sa désolation (2). Adou-
cissez-le par vos consolations, je vous
en prie, Seigneur. Ayant faim, j'ai com-
mencé à vous chercher : ne me laissez
pas m'arrêter sans m'être nourri de vous.
Je me suis approché mourant de faim,
ne me laissez pas revenir à jeun (3).
Pauvre, je suis venu vers la richesse ;
misérable, vers la miséricorde ; ne me
renvoyez pas les mains vides et mé-
prisé ; Seigneur, je suis courbé, et je me

(1) *Restitue te nobis, ut bene sit nobis, sine quo
tam male est nobis.*
(2) *Amaricatum est cor meum sui desolatione.*
(3) *Esuriens cœpi quærere te, ne deseror jejunus
à te ; famelicus accessi, ne recedam jejunus.*

puis regarder qu'au-dessous de moi. Redressez-moi, pour que je puisse voir en haut, ou du moins diriger mes regards en haut (1). Mes iniquités ont monté jusque par-dessus ma tête ; elles m'ont enveloppé, et comme un poids accablant elles pèsent sur ma tête. Déchargez-moi, délivrez-moi, de peur que l'abîme ne se referme et m'engloutisse.

Apprenez-moi à vous chercher, et montrez-vous à moi quand je vous chercherai, parce que je ne puis ni vous chercher si vous ne m'enseignez, ni vous trouver si vous ne vous montrez. Que je vous cherche par le désir, et que le désir active ma recherche. Que je vous trouve par mon amour, et que, vous ayant trouvé, je ne cesse de vous aimer.

(1) *Erige me, ut possim sursum videre vel intendere.*

CHAPITRE XXXII

DE LA BONTÉ DE DIEU

J'avoue, Seigneur, et je vous en rends grâce, que vous m'avez créé à cette image qui est la vôtre, afin que, me souvenant de vous, je vous connaisse et je vous aime.

Mais cette image a été à ce point effacée par la corruption des vices, à ce point obscurcie par la fumée de mes péchés, qu'elle ne peut plus faire ce pourquoi elle a été faite, si vous ne la renouvelez et me la reformez.

Je vous le demande, Seigneur qui donnez l'intelligence de la foi, donnez-moi de comprendre comme vous savez faire comprendre que vous êtes comme nous le croyons et que vous êtes ce que nous croyons.

Or, nous croyons que vous êtes quelque chose de plus grand et de meilleur que tout ce qu'on peut concevoir. Qu'êtes-vous donc, Seigneur, pour qu'on ne puisse rien concevoir de plus grand ou de meilleur que vous; que pouvez-vous être, sinon le bien suprême de tous, qui, seul existant par lui-même, a fait de rien tous les autres biens. Et quel bien pourrait manquer au souverain bien, cause unique de tout bien? Ainsi vous êtes juste, véridique, heureux, et pour toute autre chose il vaut mieux être que n'être pas (1).

Mais comment supportez-vous les méchants, si vous êtes entièrement et sou-

(1) *Quidquid aliud est, melius est esse quam non esse.*

veraînement juste ? Serait-ce parce que
votre bonté est incompréhensible ? et
c'est un mystère qui se dérobe dans la
lumière inaccessible que vous habitez.
Et en effet, tout au fond le plus secret
de votre bonté, se cache la source d'où
découle le fleuve de votre miséricorde.
Car bien que vous soyez entièrement et
souverainement juste, cependant vous
êtes doux même au méchant, et cela
parce que vous êtes entièrement et souverainement bon. Vous seriez moins
bon, en effet, si vous n'étiez doux pour
aucun méchant. Car celui qui est bon, à
la fois pour les bons et pour les méchants, est meilleur que celui qui est
bon seulement pour les bons. Et celui
qui se montre bon pour les méchants
en les épargnant et en les punissant, est
meilleur que celui dont la bonté n'appa-

raît que dans leur punition (1). C'est donc pour cela que vous êtes miséri- cordieux : parce que vous êtes entière- ment et souverainement bon.

(1) *Minus namque bonus esses, si nulli malo esses benignus. Melior est enim qui et bonis simul et malis bonus est, quam qui bonis tantum bonus est. Et melior est qui malis et parcendo et puniendo bonus est, quam qui puniendo tantum.*

CHAPITRE XXXIII

DE LA DÉLECTABLE JOUISSANCE DE DIEU.

O bonté immense, qui surpassez toute intelligence, vienne sur moi cette miséricorde qui procède d'une si riche opulence ! Laissez-la s'écouler en moi puisqu'elle découle de vous (1). Epargnez-moi par clémence, ne me châtiez pas par justice (2).

Et toi, mon âme, réveille-toi maintenant, ramène en haut tout ce que tu peux avoir d'intelligence, et pense, autant qu'il t'est possible, à la grandeur, à la nature de ce bien qui est Dieu.

(1) *Influat in me, quæ profluit de te.*
(2) *Parce per clementiam, ne ulciscaris per justitiam.*

Si, en effet, chaque bien en particulier est délectable, applique-toi à penser combien peut être délectable ce bien qui contient les délices de tous les autres biens, non pas telles que l'expérience nous les a fait goûter dans les choses créées, mais en différant autant que le Créateur diffère de la créature.

Car si la vie est bonne, quelle n'est pas la bonté de la vie créatrice ? S'il est doux d'être sauvé dans ce monde, quelle n'est pas la douceur du Salut, auteur de tout salut (1) !

Si la sagesse appliquée à la méditation et à la connaissance des choses connues est aimable, quelle ne sera pas l'amabilité de la Sagesse qui a tout fait et tout organisé de rien ? Enfin, s'il y

____

(1) *Si jucunda est salus facta, quam jucunda est salus quæ fecit omnem salutem.*

a dans les choses délectables de grandes
et de nombreuses délectations, quelle
délectation ne trouverons-nous pas dans
celui-là même qui a fait ces choses
délectables (1). Oh ! celui qui jouira de
ce bien, qu'aura-t-il, et que n'aura-t-il
pas ? Certainement, tout ce qu'il voudra,
il l'aura, et ce dont il ne voudra pas, il
ne l'aura pas. Car il trouvera là et pour
l'âme et pour le corps des biens tels que
nul œil n'en a vu, que nulle oreille n'en
a entendu, et qu'il n'en est monté au
cœur d'aucun homme.

(1) *Denique si multæ et magnæ sunt delectationes
in rebus delectabilibus, qualis et quanta est delec-
tatio in eo, qui ipsa delectabilia fecit ?*

CHAPITRE XXXIV

LE SOUVERAIN BIEN
DOIT ÊTRE RECHERCHÉ ARDEMMENT.

Pourquoi donc, homme infime, demander à tant de choses le bien de ton âme et de ton corps ? Aime le seul bien dans lequel sont tous les biens : il suffit. Aime le bien simple qui est le bien total : c'est assez. Qu'aimes-tu, en effet, ma chair ? Que désires-tu, mon âme ? En lui est tout ce que tu aimes, en lui tout ce que tu désires. Si c'est la beauté qui te plaît, les justes resplendiront comme le soleil. Si c'est l'agilité, ou la force, ou la liberté d'un corps auquel rien ne puisse faire obstacle, ils seront semblables aux anges de Dieu :

car s'il est semé un corps animal, il se lèvera un corps spirituel par un effet de la toute-puissance, non plus de la nature (1). Prolonger ta santé ? tu trouveras là une éternité sans malaise et une santé éternelle, car les justes vivront toujours, et la santé des justes vient du Seigneur (2). Désires-tu être rassasié ? Les justes seront rassasiés lorsque la gloire apparaîtra (3). Désires-tu l'ivresse du Seigneur ? Ils seront enivrés de l'abondance de la maison de Dieu. Est-ce la mélodie ? Les anges y feront entendre sans fin des chants à la louange de Dieu. Si c'est la volupté, non ces voluptés basses qui nous souillent, mais la volupté pure et élevée, le Seigneur les

(1) *Quia seminatur corpus animale, surget corpus spirituale, potestate utique non natura.*
(2) *Et salus justorum a Domino.*
(3) *Satiabuntur cum apparuerit gloria.*

abreuvera du torrent de sa volupté (1). Serait-ce la sagesse ? La sagesse même de Dieu leur montrera qu'elle contient et personnifie toute sagesse (2). Ou l'amitié ? Ils aimeront Dieu plus qu'eux-mêmes, et chacun d'eux aimera les autres autant que lui-même. Et Dieu les aimera plus qu'ils ne s'aimeront eux-mêmes. Car ce n'est que par l'entremise de Dieu qu'ils arriveront à l'aimer, à s'aimer eux-mêmes et à s'aimer les uns les autres, tandis que c'est par lui seul que Dieu s'aime lui-même et qu'il nous aime (3). Souhaites-tu la concorde ? Tous,

(1) *Si quælibet non immunda sed munda voluptas, torrente voluptatis suæ potabit eos Dominus.*

(2) *Si sapientia, ipsa Dei sapientia ostendet eis se-ipsam sapientiam.*

(3) *Si amicitia, diligent Deum plus quam se ipsos et invicem tanquam se ipsos ; et Deus illos plus quam illi se ipsos : quia illi illum, et se invicem per illum, et ille se et illos per se ipsum.*

ils n'auront qu'une volonté, parce qu'ils n'en auront d'autre que la volonté souveraine de Dieu.

Ou bien la puissance ? Ils seront tout-puissants sur leur volonté, comme Dieu sur la sienne. En effet, comme Dieu peut par lui-même tout ce qu'il veut, de même ils pourront par lui tout ce qu'ils voudront, parce que, comme ils ne voudront que ce qu'il voudra, de même il voudra tout ce qu'ils voudront : et ce qu'il voudra ne pourra pas ne pas être. Des honneurs ? Des richesses ? Dieu constituera ses serviteurs bons et fidèles, maîtres d'une multitude de biens. Que dis-je ? ils seront appelés fils de Dieu, dieux même, ils seront vraiment héritiers de Dieu, et les cohéritiers du Christ (1).

(1) *Imo filii Dei et dii vocabuntur, et erunt hæredes quidem Dei, cohæredes autem Christi.*

Enfin, est-ce la sécurité parfaite ? Ils seront aussi sûrs que jamais ce bien ne leur manquera qu'ils seront certains de ne jamais le perdre de leur plein gré ; ils seront certains aussi que leur divin Amant ne voudra pas l'enlever à ses bien-aimés contre leur volonté, et que nulle puissance supérieure à celle de Dieu n'arrivera à séparer Dieu de ceux qu'il aime (1).

Joie vraiment incomparable, où se réunissent tant et tant de biens si précieux !

(1) *Ita certi erunt nunquam ullatenus illud bonum sibi defuturum, sicut certi erunt se non sua sponte illud amissurum, nec dilectorem Deum illud dilectoribus suis invitis ablaturum, nec aliquid Deo potentius Deum et illos separaturum.*

CHAPITRE XXXV

DE LA MUTUELLE CHARITÉ DES SAINTS DANS LES CIEUX.

Cœur humain, cœur indigent, cœur éprouvé d'afflictions et de misères, que dis-je ? écrasé de misères, combien ne jouirais-tu pas si tu regorgeais de tous ces biens ? Interroge les profondeurs dernières de ton être, et demande-leur si elles pourraient supporter la joie d'une telle béatitude (1).

Mais certainement si, avec toi, quelque autre que tu aimerais absolument comme toi-même possédait la même

(1) *Interroga ultima intima tua, si capere possent gaudium suum de tanta beatitudine sua.*

béatitude, ta joie serait doublée, puisque tu ne jouirais pas moins pour lui que pour toi-même. Enfin, si deux ou trois ou un plus grand nombre possédaient ce même bonheur, tu jouirais tout autant pour chacun d'eux que pour toi-même, si tu aimais chacun d'eux comme toi-même. Qu'en sera-t-il donc de cette charité parfaite des innombrables bienheureux, anges et hommes, où nul n'aimera moins autrui qu'il ne s'aimera lui-même ? Evidemment, la jouissance que chacun éprouvera du bonheur de chacun des autres ne sera pas moindre que celle qu'il ressentira pour son propre bonheur (1). Si donc le cœur de l'homme semble à peine capable de supporter la joie de son propre bonheur, comment

(1) *Non enim aliter gaudebit unusquisque pro singulis aliis, quam pro scipso.*

supportera-t-il l'accumulation de tant et
de si grandes joies (1) ?

Et certes, puisque la joie qu'on
éprouve du bonheur de quelqu'un est en
proportion de l'amour qu'on lui porte,
comme dans cette félicité bienheureuse
chacun aimera Dieu sans comparaison
plus que soi-même, et tous les autres
comme soi-même, ainsi chacun jouira
plus sans comparaison du bonheur de
Dieu que du sien propre, ou de celui de
tous les autres (2). Et s'ils aiment Dieu
de tout leur cœur, de tout leur esprit, de
toute leur âme, de sorte, néanmoins, que

(1) *Si ergo cor hominis de tanto bono suo vix
gaudium suum capiet, quomodo capax erit tot et
tantorum gaudiorum ?*

(2) *Et utique quoniam quantum quisque diligit
aliquem, tantum de bono ejus gaudet, sicut in illa
beata felicitate unusquisque sine comparatione plus
amabit Deum, quam se et omnes alios secum, ita
plus gaudebit, absque æstimatione de felicitate Dei,
quam de sua et omnium aliorum secum.*

tout leur cœur, tout leur esprit, toute
leur âme ne suffise pas à la grandeur
de leur amour, de même il est certain
qu'ils jouiront de tout leur cœur, de tout
leur esprit, de toute leur âme, de sorte,
néanmoins, que tout leur cœur, tout leur
esprit, toute leur âme ne suffira pas à la
plénitude de leur joie.

CHAPITRE XXXVI

DE LA PLEINE JOIE DE LA VIE ÉTERNELLE.

Mon Dieu et mon Maître, mon espérance et la joie de mon cœur, dites à mon âme si c'est là cette joie dont vous nous avez dit par la bouche de votre Fils : Demandez et vous recevrez, afin que votre joie soit pleine.

Car j'ai trouvé une joie pleine et plus que pleine, puisque, après avoir rempli le cœur, rempli l'esprit, rempli l'âme, rempli l'homme tout entier, la joie déborde encore au delà de toute mesure (1).

Ainsi donc cette joie ne peut entrer

(1) *Inveni namque gaudium quoddam plenum et plusquam plenum : pleno quippe corde, plenâ mente, plenâ animâ, pleno toto homine, gaudio illo adhuc supra modum supererit gaudium.*

tout entière dans ceux qui en jouiront ;
c'est, au contraire, ceux qui en jouiront
qui entreront tout entiers dans la joie
de leur Seigneur.

Dites, Seigneur, dites à votre serviteur, au dedans, au plus profond de mon
cœur, si la joie dont je parle est bien
celle dans laquelle entreront ceux de vos
serviteurs qui entreront dans la joie de
leur Seigneur.

Mais, nous le savons, cette joie dont
jouiront vos élus, nul œil ne l'a vue,
nulle oreille ne l'a entendue, et rien de
pareil n'est monté au cœur d'aucun
homme. Dès lors, comment aurais-je pu
me figurer, comment aurais-je pu dire à
quel point vos élus jouiront ?

Sans doute ils jouiront dans la mesure où ils vous aimeront ; et ils vous
aimeront dans la mesure où ils vous

connaîtront, Seigneur (1). Et quelle sera la mesure de cet amour ? Nul œil n'a vu, nul oreille n'a entendu, nul cœur d'homme n'a senti dans cette vie combien on vous connaîtra et l'on vous aimera dans l'autre vie.

Je vous en prie, mon Dieu, que je vous connaisse, que je vous aime, et que je jouisse de vous. Et si je ne peux, dans cette vie, posséder la plénitude de ces dons, que du moins je progresse de jour en jour en chacun d'eux, jusqu'à ce que j'arrive à leur plénitude (2). Que votre connaissance progresse en moi, dans ce monde, pour que je vous connaisse pleinement dans l'autre. Que votre amour

(1) *Utique tantum gaudebunt, quantum amabunt : tantum amabunt quantum te cognoscent, Domine.*

(2) *Et si non possum in hac vita ad plenum, vel proficiam de die in diem, usque dum veniat illud ad plenum.*

croisse en moi, ici-bas, pour arriver à
son plein là-haut. Qu'ici, enfin, ma joie
soit grande en espérance, et qu'au ciel,
elle soit pleine en vous.

Dieu véridique, je vous demande de
recevoir ce que vous promettez : que
ma joie soit pleine (1). Et cependant,
puisse mon esprit faire de cette joie
l'objet de ses méditations, ma langue
l'objet de ses paroles, ma bouche l'objet
de ses entretiens. Puisse mon cœur l'aimer, mon âme en avoir faim, ma chair
en avoir soif, ma substance tout entière
la désirer, jusqu'à ce que j'entre dans
la joie de mon Seigneur pour y demeu-
rer à travers les siècles.
Amen.

(1) *Deus verax, peto ut accipiam quod promittis,
ut gaudium meum sit plenum.*

TABLE DES MATIÈRES

PRÉFACE. V

CH. Iᵉʳ. — De l'admirable essence de
Dieu. 1

CH. II. — De l'indicible science de
Dieu. 5

CH. III. — Du désir de l'âme qui sent
Dieu. 8

CH. IV. — De la misère de l'âme qui
n'aime ni ne cherche Notre-Seigneur Jésus-Christ. 12

CH. V. — Du désir de l'âme. 16

CH. VI. — De la félicité de l'âme délivrée de sa prison terrestre. . . . 19

CH. VII. — De la joie du paradis. . . 23

CH. VIII. — Du royaume des cieux. . 26

CH. IX. — Comment, après tant de
gémissements, l'âme humaine est
consolée par Dieu. 30

CH. X. — De la douceur de l'amour
divin. 33

Ch. XI. — De la préparation de notre rédemption. 35

Ch. XII. — De la joie. 38

Ch. XIII. — Que le Verbe incarné est la cause de notre espérance. . . . 41

Ch. XIV. — Que plus on médite sur Dieu, et plus douce est cette méditation. 43

Ch. XV. — Que les tribulations dans cette vie sont désirables par l'amour du Christ. 46

Ch. XVI. — Comment peut s'acquérir le royaume des cieux. 49

Ch. XVII. — Ce qu'est et ce que contient le paradis. 51

Ch. XVIII. — Que l'homme ne peut rien rendre à Dieu si ce n'est par l'amour. 56

Ch. XIX. — Ce que Dieu désire trouver en nous de semblable à lui. . . 59

Ch. XX. — De la confiance de l'âme qui aime Dieu. 62

Ch. XXI. — Ce que Dieu a fait pour l'homme, ... 66

Ch. XXII. — Du souvenir des plaies de Jésus-Christ notre Sauveur . . .	69

Ch. XXIII. — Que le ressouvenir des plaies du Christ est un remède efficace contre toutes les adversités.	71

Ch. XXIV. — Méditations de l'âme sur l'amour du Christ.	74

Ch. XXV. — Rien ne peut suffire à l'âme, excepté le souverain bien. .	78

Ch. XXVI. — En quoi consiste la connaissance de la vérité.	81

Ch. XXVII. — Ce qu'opère en nous la mission de l'Esprit-Saint.	86

Ch. XXVIII. — Des œuvres de celui qui aime Dieu.	90

Ch. XXIX. — Du vrai repos du cœur.	92

Ch. XXX. — Tout ce qui détourne de Dieu le regard de l'âme est absolument à fuir et à exécrer.	95

Ch. XXXI. — Que par le péché nous avons perdu la vue de Dieu et trouvé la misère.	98

Ch. XXXII. — De la bonté de Dieu. .	102

Ch. XXXIII. — De la délectable jouissance de Dieu. 106
Ch. XXXIV. — Le souverain bien doit
être recherché ardemment. 109
Ch. XXXV. — De la mutuelle charité
des Saints dans les cieux. 114
Ch. XXXVI. — De la pleine joie de la
vie éternelle. 118

224-10. — Imp. P. Feron-Vrau, 3 et 5, rue Bayard, 8°.

LES ÉVANGILES

TRADUCTION NOUVELLE DES AUGUSTINS DE L'ASSOMPTION
Approuvée par Mgr l'Évêque de Nimes.

ÉDITION IN-32

Format commode avec 100 illustrations inédites.

Saint Matthieu, 1 vol. — **Saint Marc,** 1 vol. — **Saint Luc,** 1 vol. — **Saint Jean,** 1 vol. — Chaque volume, broché, 0 fr. 20, port, 0 fr. 05; cartonné, 0 fr. 35, port, 0 fr. 10; relié toile noire, 0 fr. 45, port, 0 fr. 10.

Les quatre Évangiles réunis, broché, 0 fr. 60, relié, 0 fr. 85, port, 0 fr. 15.

NOUVELLE ÉDITION IN-32

Les quatre Évangiles et les Actes des Apôtres, traduction française avec des notes tirées des saints Pères et des auteurs ecclésiastiques. Un vol. in-32 de 625 pages. Broché, 0 fr. 50; relié pleine toile, 1 franc, port, 0 fr. 10. Relié mouton grenat, tranches dorées avec emboîtage, 1 fr. 50, port, 0 fr. 15.

PETITE ÉDITION DE LUXE

Les quatre Évangiles avec les Prières de la Messe. Vol. in-32 de 350 pages, papier de luxe. Relié grand luxe demi-grain, couleurs variées au choix : noir, marron, olive, bleu, grenat, **4 fr. 50**; emballage et port, 0 fr. 15. Relié amateur, dos en demi-chagrin poli, plats en papier, avec emboîtage, **3 francs,** port, 0 fr. 10.

ÉDITION IN-8°

Avec les gravures du P. NATALI,
gravées à nouveau et texte en gros caractères.

Saint Matthieu, 1 vol. — **Saint Marc et saint Luc,** 1 vol. — **Saint Jean,** 1 vol. — Chaque volume, broché, 0 fr. 40, port, 0 fr. 10; relié, 0 fr. 85, port, 0 fr. 20.

Les quatre Évangiles et les Actes des Apôtres, réunis en un seul volume in-8°, broché, **1 franc,** port, 0 fr. 25; relié, **1 fr. 50,** ou avec tranches dorées, **1 fr. 75,** port. 0 fr. 35.

GRANDE ÉDITION DE LUXE

Volume in-8° de 440 pages, beau papier.
Gravures du R. P. NATALI, S. J., refaites avec soin.
Texte latin en bas des pages.

Brochée, couverture gaufrée, **4 francs;** relié, 'francs; reliure grand luxe, **12 francs.** Port en sus, par colis postal

5, RUE BAYARD, PARIS, VIIIe

IMPRIMERIE PAUL FERON-VRAU
3 ET 5, RUE BAYARD, PARIS-VIIIe